ORCHESTER-PROBESPIEL

FLÖTE / PICCOLOFLÖTE

Sammlung wichtiger Passagen aus der
Opern- und Konzertliteratur

TEST PIECES FOR ORCHESTRAL AUDITIONS

FLUTE / PICCOLO

Excerpts from the Operatic and Concert Repertoire

In Zusammenarbeit mit der Deutschen
Orchestervereinigung e. V. (DOV)
herausgegeben von

Compiled in cooperation with the
Deutsche Orchestervereinigung e. V. (DOV)
Edited by

Christoph Dürichen und Siegfried Kratsch

C. F. PETERS

FRANKFURT/M. · LEIPZIG · LONDON · NEW YORK

Gedruckt mit Unterstützung der Deutschen Orchestervereinigung e. V. (DOV)

Vorwort

Seit langem besteht in Orchestern und an den ausbildenden Hochschulen der Wunsch nach einer praktischen und leicht zugänglichen Ausgabe der bei einem Probespiel vorgelegten Orchesterstellen. Von einem Orchestermusiker wird erwartet, daß er neben der Sololiteratur seines Instrumentes insbesondere das Repertoire der Opern- und Konzertliteratur kennt und beherrscht. Für die vorliegende Ausgabe wurden jene Passagen zusammengestellt, deren Beherrschung unabdingbare Voraussetzung für die Aufnahme in ein Orchester ist. Im Unterschied zu den in großer Fülle vorhandenen „Orchesterstudien" konzentriert sich die Sammlung auf das in der Probespiel-Praxis übliche Material. Sie bildet somit eine Grundlage für die praxisorientierte Ausbildung des Orchesternachwuchses; dem praktizierenden Musiker dient sie darüber hinaus zur wiederholten Übung schwieriger Stellen.

Angeregt wurde das Projekt vom Deutschen Musikrat und den Musikhochschulen. Die Auswahl der Orchesterstellen beruht auf einer statistischen Erhebung der Deutschen Orchestervereinigung (DOV) sowie auf der langjährigen Berufserfahrung der einzelnen Herausgeber als Orchestermusiker und Hochschulpädagogen.

Der gesamten Serie liegen folgende Editionsprinzipien zugrunde:

Der originale Notentext und die originalen Metronomzahlen wurden unverändert übernommen; Zusätze der Herausgeber stehen in eckigen Klammern. Taktzahlen, Richtziffern oder Studierbuchstaben sind dem Orchestermaterial entsprechend wie folgt wiedergegeben:

132 = Taktzahl   (15) = Richtziffer   F = Studierbuchstabe

Auslassungen am Anfang, in der Mitte oder am Schluß einer Passage sind durch quergestellte Schrägstriche gekennzeichnet.

Selbstverständlich sollten die hier vorgelegten Passagen auch stets im Gesamtzusammenhang der jeweiligen Komposition gesehen werden. Das Partiturstudium und das Hören der Werke seien daher als wichtige Ergänzung empfohlen.

C. F. Peters, Frankfurt
B. Schott's Söhne, Mainz

Preface

For many years orchestras and conservatories have wanted a practical and easily accessible edition of the orchestral passages required at auditions. An orchestral musician is expected to know and to have mastered not only the solo literature of his instrument but especially the opera and concert repertoire as well. The present edition contains those passages which a musician is expected to have at his or her command before being accepted into an orchestra. Unlike the many existing "orchestral studies", this collection focuses on the material commonly used in auditions. It thus forms a foundation for the practical training of young orchestral musicians, and serves professional musicians as a means of practicing difficult passages.

This project was initiated at the behest of the German Music Council and the German conservatories. It is based on statistical studies carried out by the German Union of Orchestras and on many years of professional experience gained by the editors themselves, all of whom are members of orchestras and conservatory staffs.

The following editorial principles underlie the entire series:

The original text of the music and the original metronome marks have been taken over without modification; editorial additions are enclosed in square brackets. Measure numbers and rehearsal numbers or letters have been included from the orchestral material as follows:

132 = measure number   (15) = rehearsal number   F = rehearsal letter

Cuts at the beginning, middle or end of a passage are indicated by intervening slashes.

It goes without saying that the passages included here should always be viewed in the overall context of the piece in question. To augment these studies we strongly advise studying the scores and listening to the music.

C. F. Peters, Frankfurt
B. Schott's Söhne, Mainz

Die Herausgeber der einzelnen Bände / The editors of the individual volumes:

Flöte

Christoph Dürichen (Frankfurter Opernhaus- und Museumsorchester/Hochschule für Musik und Darstellende Kunst Frankfurt)

Siegfried Kratsch (Sinfonieorchester Wuppertal/Hochschule für Musik Köln, Abteilung Wuppertal)

Oboe

Vojislav Miller (Frankfurter Opernhaus- und Museumsorchester/Hochschule für Musik und Darstellende Kunst Frankfurt)

Winfried Liebermann (Philharmonisches Staatsorchester Hamburg/Staatliche Hochschule für Musik Heidelberg-Mannheim)

Klarinette

Heinz Hepp (Radio-Sinfonie-Orchester Frankfurt/Akademie für Tonkunst Darmstadt)

Albert Rohde (Philharmonisches Orchester Kiel)

Fagott

Karl Kolbinger (Symphonieorchester des Bayerischen Rundfunks/Hochschule für Musik München)

Alfred Rinderspacher (Staatliche Hochschule für Musik Heidelberg-Mannheim)

Horn

Johannes Ritzkowsky (Symphonieorchester des Bayerischen Rundfunks/Richard-Strauss-Konservatorium München)

Alois Spach (Frankfurter Opernhaus- und Museumsorchester)

Trompete

Joachim Pliquett (Deutsches Symphonie-Orchester Berlin)

Hansfred Lösch (Saarländisches Staatsorchester Saarbrücken)

Mitarbeit: Konradin Groth, Arno Lange (Berlin), Paul Lachenmeir (München)

Posaune

Eberhard Pleyer (Saarländisches Staatsorchester Saarbrücken)

Armin Rosin (Radio-Sinfonie-Orchester Stuttgart)

Tuba

Mark Evans (Orchester der Deutschen Oper Berlin)

Klemens Pröpper (Niedersächsisches Staatsorchester Hannover/Hochschule für Musik Detmold/Hochschule für Musik und Theater Hannover)

Pauke / Schlagzeug

Hermann Gschwendtner (Richard-Strauss-Konservatorium München/Münchner Philharmoniker)

Hans-Jochen Ulrich (Orchester der Deutschen Oper Berlin)

Harfe

Ruth Konhäuser (Niedersächsisches Staatsorchester Hannover/Orchester der Bayreuther Festspiele/Hochschule für Musik Detmold/Hochschule für Musik und Theater Hannover)

Helga Storck (Münchner Philharmoniker/Orchester der Bayreuther Festspiele/Philharmonisches Staatsorchester Hamburg/Rundfunk-Sinfonie-Orchester Köln/Hochschule für Musik Köln/Hochschule für Musik München)

Violine

Karin Boerries-Bosbach (Frankfurter Opernhaus- und Museumsorchester)

Oswald Kästner (Philharmonisches Staatsorchester Hamburg/Orchester der Bayreuther Festspiele)

Viola

Kurt Jenisch (Philharmonisches Orchester Regensburg/Staatliche Hochschule für Musik Heidelberg-Mannheim)

Eckart Schloifer (Rundfunk-Sinfonieorchester Saarbrücken/Hochschule für Musik und Darstellende Kunst Frankfurt)

Violoncello

Rolf Becker (Orchester der Deutschen Oper Berlin)

Rudolf Mandalka (Düsseldorfer Symphoniker/Robert-Schumann-Hochschule Düsseldorf)

Kontrabaß

Fritz Maßmann (Württembergisches Staatsorchester Stuttgart/Staatliche Hochschule für Musik Trossingen)

Gerd Reinke (Orchester der Deutschen Oper Berlin/Hochschule der Künste Berlin)

INHALT/*CONTENTS*
Flöte/*Flute*

Piccoloflöte

Zu dieser Ausgabe erschien eine Compact-Disc mit klanglichen Beispielen von nahezu allen hier abgedruckten Stellen (im originalen orchestralen Kontext). Die Aufnahmen wurden in der gleichen Reihenfolge wie im vorliegenden Band angeordnet (Bestell-Nr. *MP 8659*)

This edition is accompanied by a compact disc containing recorded examples of virtually all the passages included therein (in their original orchestral context). The recordings appear in the same order as in the present volume (order no. *MP 8659*).

Orchester-Probespiel für Flöte

Herausgegeben von Christoph Dürichen und Siegfried Kratsch

Matthäus-Passion

Arie: Aus Liebe will mein Heiland sterben

J. S. Bach

Konzert für Orchester

IV. Intermezzo interrotto

Allegretto [♩ ca. 114]

Béla Bartók

Sinfonie Nr. 3

Es-Dur/E♭ major („Eroica")

L. van Beethoven
op. 55

4. Satz (Finale)

Allegro molto [♩ = 126-144]

Ouverture zu Leonore Nr. 3

L. van Beethoven
op. 72 a

L'Arlésienne
Suite Nr. 2

III. Menuett
Andantino quasi allegretto [♩ = 72]

Georges Bizet

Carmen
Ballettmusik

Georges Bizet

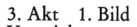

Carmen

Georges Bizet

3. Akt   1. Bild
Vorspiel

Allegretto quasi Andantino [♩= 60-72]

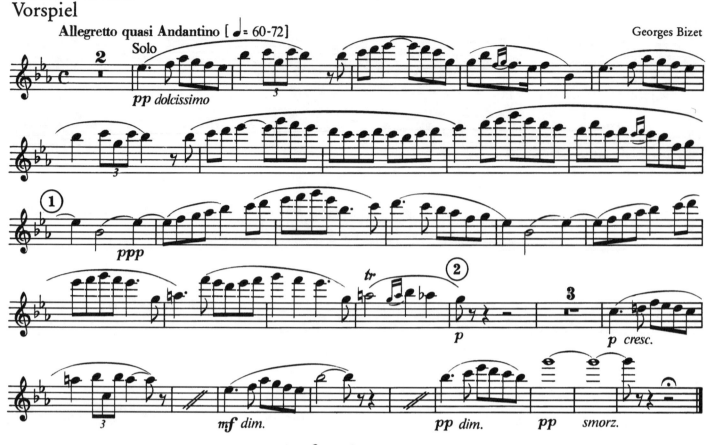

Sinfonie Nr. 1
c-Moll/C minor

4. Satz

Più Andante [♩= 60-63]

Johannes Brahms
op. 68

Sinfonie Nr. 4
e-Moll/E minor

4. Satz

Allegro energico e passionato [♩= 66-76]

Johannes Brahms
op. 98

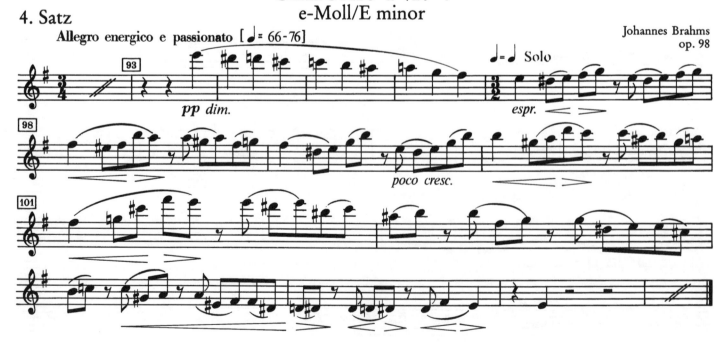

Doktor Faust

Erstes Bild
Cortège

Tempo di Walzer vivace [♩ = 176 - 192]

Ferruccio Busoni

Erstes Bild

Tempo di Polacca [♩ = 76]

Zweites Bild

Tempo di Polacca [♩ = 76]

© by Breitkopf & Härtel, Wiesbaden. Mit freundlicher Genehmigung.

Prélude à l'après-midi d'un faune

Claude Debussy

*) Das ♮ fehlt in der Erstausgabe/*In the first edition this ♮ is lacking.*

Coppélia

Ballett in 3 Akten

1. Akt
Nr. 1 Prélude

Léo Delibes

Sinfonie Nr. 8
G-Dur/G major

4. Satz

Allegro ma non troppo [♩ = 120]

Antonín Dvořák
op. 88

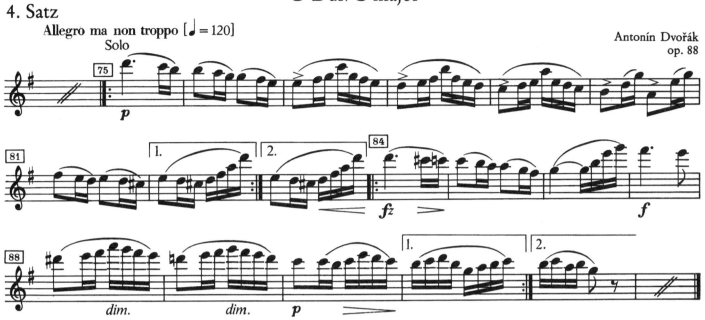

Sinfonie Nr. 9
e-Moll/E minor
(„Aus der Neuen Welt")

1. Satz

Allegro molto [♩=136]

Antonín Dvořák
op. 95

Orpheus

Pantomime (Reigen seliger Geister)

Christoph W. Gluck

*) Urtext-Fassung

Sinfonische Metamorphosen

nach Themen von Carl Maria von Weber

Paul Hindemith

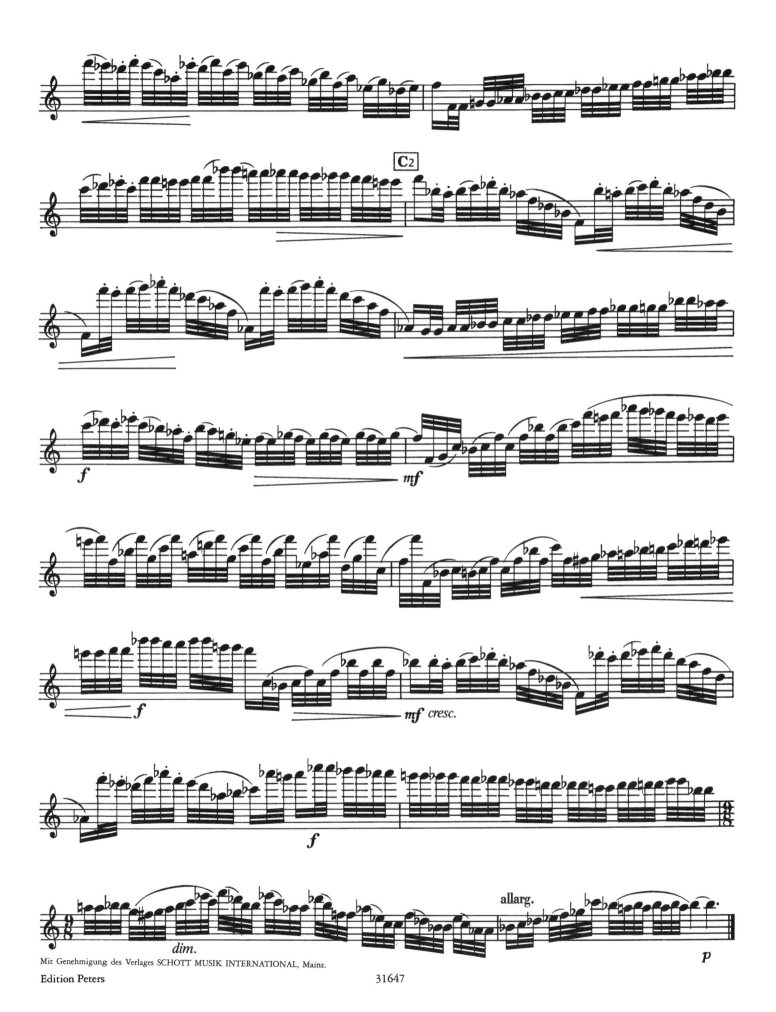

31647

Tänze aus Galanta

Zoltán Kodály

*) Diese Passage wird auch von der Piccoloflöte (klingend 8ᵛᵃ) geblasen
This passage is also played by the piccolo flute, sounding an octave higher.

Sinfonie Nr. 9
D-Dur/D major

1. Satz

Gustav Mahler

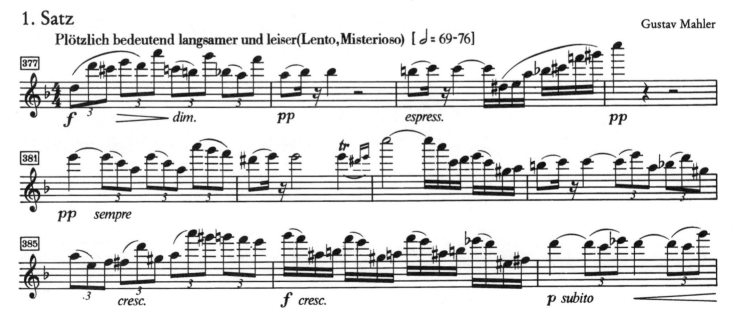

Ein Sommernachtstraum

Scherzo

Allegro vivace [♩. = 80-96]

Felix Mendelssohn Bartholdy
op. 61

Die Zauberflöte

1. Akt
Nr. 8 Finale

W. A. Mozart
KV 620

Andante [♩ = 84-92]

2. Akt
Nr. 13 Arie des Monostatos

*) Artikulation T. 46 und 48 in der Neuen Mozart-Ausgabe:
In the "Neue Mozart-Ausgabe" bars 46 and 48 have the phrasing:

Nr. 21 Finale
Marsch

Don Giovanni

1. Akt

Arie: Fin ch'han dal vino
(„Champagner"-Arie)

W. A. Mozart
KV 527

Peter und der Wolf

Der Vogel

Sergej Prokofieff
op. 67

Daphnis et Chloé

2ème Suite

Maurice Ravel

[Fortsetzung nächste Seite]

Très lent [♩ = 66]

Solo

p expressif et souple

mf

f

Retenu légèrement

au Mouv.t

rall.

ppp

au Mouv.t

retenu

tr

f > p

pp ——— ff

*) In der Erstausgabe e''' statt eis'''/*The first edition has E ♮ instead of E ♯*

Boléro

Maurice Ravel

Tempo di Bolero moderato assai [♩ = 72]

pp kl. Trommel

pp

Edition Peters

31647

Donna Diana

Ouverture

Wilhelm Tell

Ouverture

Andante [♪ = 56-60]

Gioacchino Rossini

Der Barbier von Sevilla

1. Aufzug
Cavatine des Figaro

Gioacchino Rossini

Die diebische Elster

Ouverture

Gioacchino Rossini

Le Carneval des Animaux

Nr. 10 Volière

Camille Saint-Saëns

Moderato grazioso [♩ = 84]

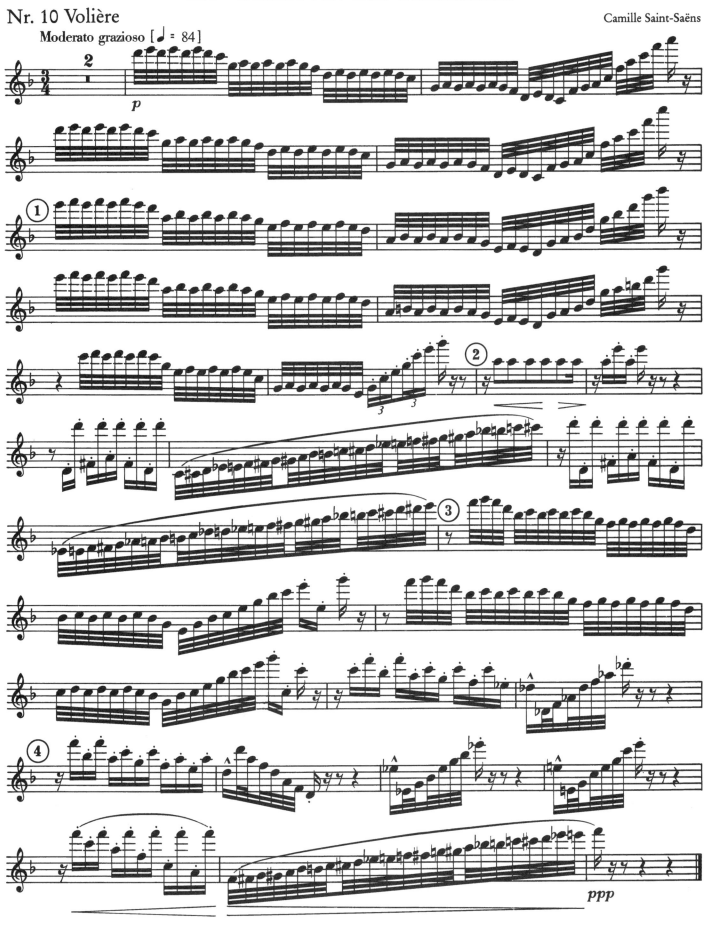

Sinfonie Nr. 1
B-Dur/B♭ major
(„Frühlingssinfonie")

Robert Schumann
op. 38

1. Satz

Die verkaufte Braut

Bedřich Smetana

Ouverture

Don Juan

Allegro molto con brio [♩ = 96-100]

Richard Strauss
op. 20

Till Eulenspiegels lustige Streiche

Immer sehr lebhaft [♩. = 92- 100]

Richard Strauss
op. 28

Tod und Verklärung

Largo [♩ = 56]

Richard Strauss
op. 24

Sinfonia domestica

Richard Strauss
op. 53

Etwas gemächlich [♪ = 176]

Salome

Fürstner Musikverlag, Mainz,
vertreten durch SCHOTT MUSIK INTERNATIONAL, Mainz, für Deutschland,
Danzig, Italien, Portugal und die Nachfolgestaaten der UdSSR außer Estland,
Lettland und Litauen, alle übrigen Länder Boosey & Hawkes, Ltd., London.
© Mit freundlicher Genehmigung des Musikverlages Boosey & Hawkes · Bote & Bock, Berlin.

Josephs Legende

Richard Strauss
op. 63

Fürstner Musikverlag, Mainz,
vertreten durch SCHOTT MUSIK INTERNATIONAL, Mainz, für Deutschland,
Danzig, Italien, Portugal und die Nachfolgestaaten der UdSSR außer Estland,
Lettland und Litauen, alle übrigen Länder Boosey & Hawkes, Ltd., London.
© Mit freundlicher Genehmigung des Musikverlages Boosey & Hawkes · Bote & Bock, Berlin.

Der Rosenkavalier

1. Aufzug

Kadenz des Flötisten

Richard Strauss
op. 59

Tempo di Menuetto [♩ = 88]

31647

[Fortsetzung nächste Seite]

Lebhaft
Vivo [♩ = 100]

3. Aufzug
Einleitung und Pantomime
So schnell als möglich
Vivace possibile [♩. = 92]

Fürstner Musikverlag, Mainz,
vertreten durch SCHOTT MUSIK INTERNATIONAL, Mainz, für Deutschland,
Danzig, Italien, Portugal und die Nachfolgestaaten der UdSSR außer Estland,
Lettland und Litauen, alle übrigen Länder Boosey & Hawkes, Ltd., London.
© Mit freundlicher Genehmigung des Musikverlages Boosey & Hawkes · Bote & Bock, Berlin.

Jeu de cartes

Deuxième donne
Variation IV

Igor Strawinsky

[♩ = 76-88] Solo   *scherzando*

Petruschka

Igor Strawinsky

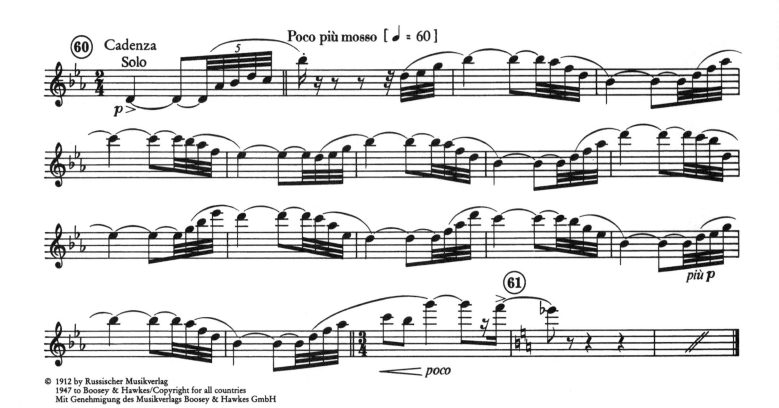

Concerto in Es
„Dumbarton Oaks"

Igor Strawinsky

II. Allegretto ♪ = 112

Mignon

Ambroise Thomas

Ouverture

Edition Peters   31647

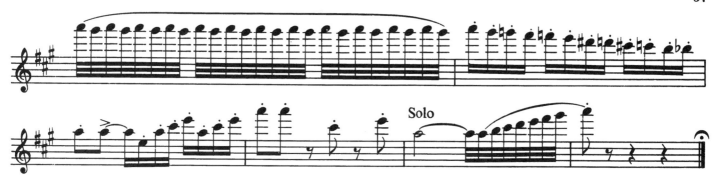

Schwanensee

Nr. 23 Pas de six
Variation I
Allegro [♩ = 120-132]

Peter I. Tschaikowsky

Aida

Giuseppe Verdi

3. Akt
1. Szene

Andante mosso [♩ = 76]

Falstaff

3. Akt
Erster Teil

Allegro

Giuseppe Verdi

Rigoletto

1. Akt
Arie der Gilda: Caro nome
Allegro assai moderato [♩ = 69-76]

Giuseppe Verdi

Die Meistersinger von Nürnberg

2. Aufzug
7. Szene („Prügelszene")
Etwas schneller [♩ = 76-84]

Richard Wagner

Götterdämmerung

1. Aufzug
3. Szene
[♩ = 96]

Richard Wagner

[Fortsetzung nächste Seite]

3. Aufzug (Schluß)
Lebhaft [♩ = 72-80]

Probespielstellen
für Piccoloflöte

Sinfonie Nr. 9
d-Moll/D minor

4. Satz

Allegro assai vivace [♩.= 84]
Alla Marcia

Ludwig van Beethoven
op. 125

Piccoloflöte

Carmen

3. Akt 1. Bild
Introduktion

Allegretto moderato [♩ = 96]

Georges Bizet

Piccoloflöte

Coppélia

2. Akt
Nr. 14 Musik der Automaten

Léo Delibes

Allegro [♩ = 96–116]

Piccoloflöte

Nachtstücke und Arien

Nachtstück III
Vivace ♩= 144

Hans Werner Henze

Mit Genehmigung des Verlages SCHOTT MUSIK INTERNATIONAL, Mainz.

Edition Peters
31647

Nobilissima Visione

II. Marsch und Pastorale

Paul Hindemith

Lebhaft ♩ = 100

Mit Genehmigung des Verlages SCHOTT MUSIK INTERNATIONAL, Mainz.

Sinfonietta

3. Satz

Con moto [♩=116]

Leoš Janáček

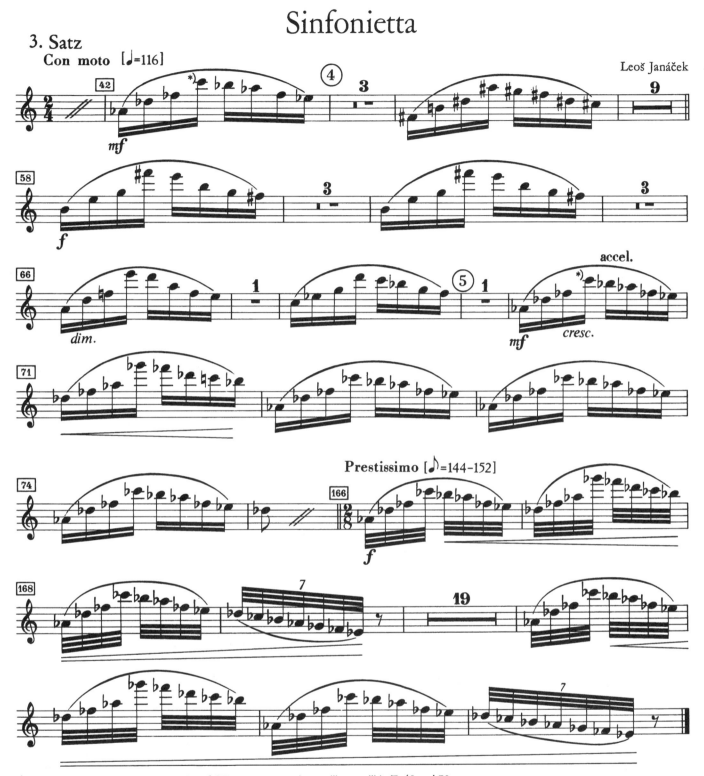

*) Die 1980 erschienene Partitur von Barvík/Zimmermann notiert ces''' statt c''' in T. 42 und 70.
   The edition by Barvík/Zimmermann, published in 1980, has c flat as top note in bars 42 and 70.

Tänze aus Galanta (Zoltán Kodály)
siehe Seite 12

Die Zauberflöte

2. Akt
Nr. 13 Arie des Monostatos

Wolfgang Amadeus Mozart
KV 620

*) Artikulation T. 48 und 48 in NMA:

Die Kluge

Carl Orff

3. Szene

Piccoloflöte

Klavierkonzert G-dur

1. Satz

Allegramente [♩ = 112–120]

Maurice Ravel

Ma Mère l'Oye

3. Satz

Mouvt de Marche [♩ = 116]

Maurice Ravel

Edition Peters   31647

Rapsodie Espagnole

II. Malagueña
au Mouvt (Assez Lent)

Maurice Ravel

Daphnis et Chloé

2ème Série

Maurice Ravel

Scheherazade

4. Satz

Nikolai Rimsky-Korsakow

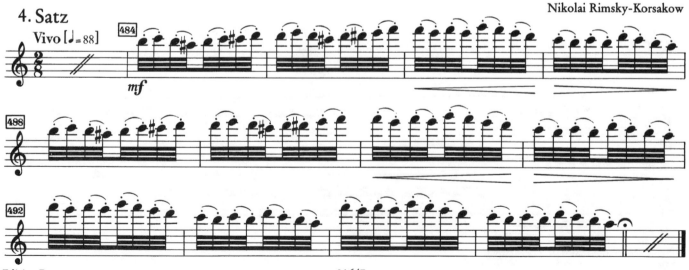

Die diebische Elster

Ouverture
Allegro [♩ = 152–168]

Gioacchino Rossini

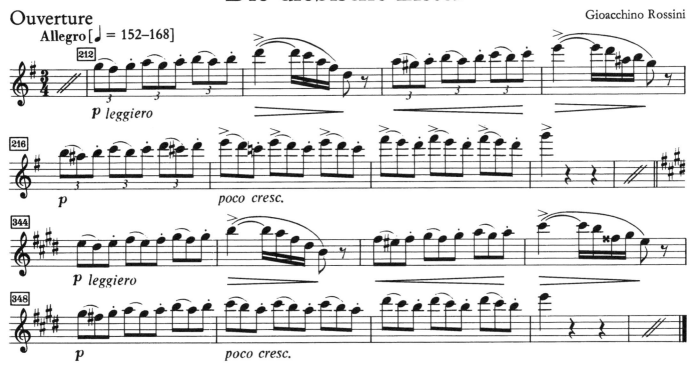

Die seidene Leiter

Ouverture
Allegro [♩ = 132]

Gioacchino Rossini

Semiramis

Ouverture
Allegro [♩ = 138]

Gioacchino Rossini

Der Barbier von Sevilla

1. Aufzug
Cavatine des Figaro
All♩ vivo [♩. = 132–144]

Gioacchino Rossini

Sinfonie Nr. 9
Es-Dur/E♭ major

Dmitri Schostakowitsch
op. 70

2. Satz
Adagio [♩ = 66]

3. Satz
Presto [♩. = 116]

Die verkaufte Braut

Ouverture
Vivacissimo [♩ = 132–144]

Bedřich Smetana

Die Fledermaus

Ouverture
Allegro [♩ = 144–160]

Johann Strauß

Sinfonie Nr. 4
f-Moll/F minor

3. Satz Scherzo

Peter I. Tschaikowsky
op. 36

[Allegro] Meno mosso [♩ = 104]

Der Troubadour

2. Akt 1. Szene
Coro di Zingari e Canzone

Giuseppe Verdi

Allegro [♩ = 92]

Falstaff

Giuseppe Verdi

1. Akt 2. Teil

Allegro vivace [♩.=108–120]

p brillante

Othello

Giuseppe Verdi

1. Akt

Allegro [♩ = 120]

Rheingold

3. Szene
Mäßiges Zeitmaß [♩ = 92–108]

Richard Wagner

Die Walküre

3. Akt 3. Szene
Mäßig bewegt [♩ = 84]

Richard Wagner

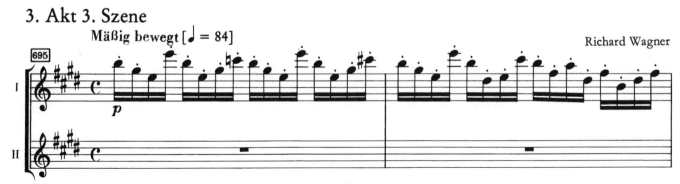

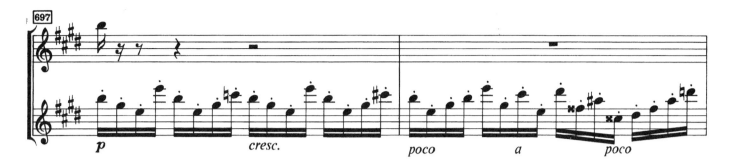

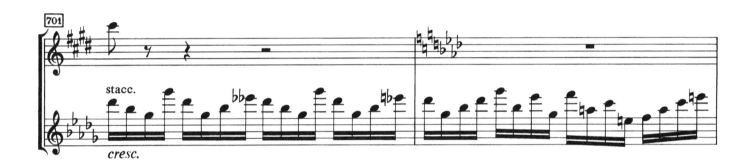

Kammermusik des 19. und 20. Jahrhunderts
für Holzbläser und gemischte Besetzungen

C. F. PETERS · FRANKFURT/M. · LEIPZIG · LONDON · NEW YORK
www.edition-peters.de · www.edition-peters.com

MUSIK FÜR FLÖTE / FLUTE MUSIC

C. P. E. BACH Sonate g für Flöte (Vl.) u. Cemb. (früher
J. S. Bach zugeschrieben; BWV 1020/Anh.III, 184). . (*)EP 9856

J. S. BACH Repertoire der Flötenpartien aus dem
Kantaten- und Oratorienwerk (W. Richter)
–– Bd. I: Kantaten Nr. 8-102, Matthäus-Passion u. a. . .EP 8203a
–– Bd. II: Kantaten Nr. 103-198; Messen h, A; Magnificat. EP 8203b
–– Bd. III: Kantaten Nr. 201-215, Joh.-Passion u. a. . EP 8203c
– Partita a-Moll BWV 1013 für Flöte solo, (E. List) . . EP 9023
– 6 Sonaten, Urtext-Neuausgabe (Hampe)
–– Bd. I: Sonaten h, Es, A BWV 1030-32 f. Fl. u. Cemb. .(*)EP 4461aa
–– Bd. II: Sonaten C, e, E BWV 1033-35 f. Fl. u. Bc. . (*)EP 4461bb
– Sonate A BWV 1032, 1. Satz (ergänzt v. K. Hampe) . .EP 4461c
– Sonate g BWV 1030b für Fl. (Ob.) u. Bc.,
Rekonstruktion d. 1. Fassg. v. BWV 1030 (Meylan). . EP 8118
– Suite h (Ouverture Nr. 2) BWV 1067, Fl. u. Klav. . .(*)EP 4921

BEETHOVEN Serenade op. 41 für Fl. u. Klav. . . . . . EP 4663

BUFFARDIN Concerto e für Fl., Str. u. Bc., Klav.-Ausz. . EP 9955

CIMAROSA Konzert G-Dur für 2 Flöten u. Orchester,
Ausgabe für 2 Flöten u. Klavier (Burmeister) . . . . . EP 5519

DEBUSSY »Syrinx« für Flöte solo (E. List) . . . . EP 9160

DEVIENNE 6 Duettinos op. 82 für 2 Flöten . . . . . . EP 8366

DONIZETTI Sonate für Flöte u. Klavier (Meylan). . (*)EP 8044
– Sonate für Flöte und Harfe (Meylan) . . . . EP 8043

FAURÉ Fantaisie op. 79 für Flöte u. Klav., Urtext. . . EP 9890
– Anthologie ausgew. Stücke (Fl. u. Klav.): Berceuse op. 16,
Pavane op. 50, Air de danse (aus op. 52), Berceuse
(aus op. 56), Sicilienne op. 78, Fantaisie op. 79, Interlude
(aus op. 80), 2 Morceaux de lecture (Sarabande, Barcarolle),
Vocalise-Étude (R. Howat) . . . . EP 7514

GENZMER Pan für Fl. solo oder Altquerfl. (G) solo. . EP 8798
– Sonate für Flöte solo . . . . EP 8180
– Zweite Sonate für 2 Flöten. . . . . EP 8499
– Trio für 3 Flöten . . . . EP 8740
– Quartett für 4 Flöten. . . . . EP 8750
– Poetische Miniaturen f. Flöte u. Keltische Harfe . . EP 11213

HÄNDEL 3 Hallenser Sonaten a, e, h HWV 374-76
für Flöte und Basso continuo (Woehl) . . . . (*)EP 4554
– Sonaten e, G, h HWV 359b, 363b, 367b
für Flöte und Basso continuo (Woehl) . . . . (*)EP 4553

HAYDN 3 Trios (»Flötentrios«) Hob.XV: 15-17
f. Flöte, Violoncello u. Klav., Urtext (Burmeister). . (*)EP 8907
– Cassation D Hob. IV: D 2 f. Flöte, Vl. u. Bc. (Nagel) . . EP 8132
– Sonate G f. Fl. u. Klavier (nach Hob. III: 81). . . . .(*)EP 190a
– Londoner Trios Hob. IV: 1-3 f. 2 Flöten u. Vc. . . . (*)EP 4972

JANÁČEK »Marsch der Blaukehlchen« f. Picc. u. Klav. . . EP 9868

KAGEL Phantasiestück für Flöte und Klavier . . . . . EP 8715

KUHLAU 6 Divertissements op. 68 für Fl. solo . . . . EP 8546
– Duos op. 10, 80, 81 für 2 Flöten, 3 Bände. . . . . .EP 1238-40
– 3 Grands Solos op. 57 für Flöte (Klavier ad lib.) . . . EP 8392
– Quartett E-Dur für 4 Flöten (Nagel) . . . . EP 8085

MOZART Konzert G KV 313 (List/Thiele). . . . . . . (*)EP 9030
– Konzert D KV 314 (List/Thiele) . . . . (*)EP 9029

– Andante C KV 315 (285ᵉ), Urtext (Schenck) . . . . . (*)EP 8959
– Konzert C KV 299 für Flöte, Harfe u. Orchester,
Ausgabe für Flöte und Klavier (W. Richter) . . . . . . (*)EP 8139
– Quartette: C KV Anh. 171 (285b) / D KV 285 / A KV 298
für Flöte, Violine, Viola u. Violoncello; Stimmen . . .(*)EP 17a

PEZ Concerto e (Sonata da camera), Klavierauszug. . . EP 5954

QUANTZ Capricen, Fantasien und Stücke für Flöte solo
(QV 3:1-22), Urtext (Augsbach) . . . . EP 9954
– Drei Trios (QV 3:30-32) f. 3 Flöten, Urtext (Augsbach). . EP 9479
– Konzert G (QV 5:174) f. Flöte, Streicher u. Bc.,
Ausg. f. Fl. u. Klav., Urtext (Nastasi/Burmeister) . . .(*)EP 8771
– Konzert G (QV 5:182) f. Fl., Fag. (ad lib.), Str. u. Bc.,
Ausg. f. Fl. u. Klav., Urtext (Augsbach/Burmeister). . EP 9699
– Konzert g (QV 5:193) f. Flöte, Streicher u. Bc.,
Ausg. f. Fl. u. Klav., Urtext (Burmeister) . . . . EP 9697
– Konzert h (QV 5:272) f. Flöte, Str. u. Bc., Erstausgabe
Ausg. f. Fl. u. Klav., Urtext (Augsbach/Burmeister) . . EP 8834

REGER Serenade G op. 141a f. Flöte, Violine u. Viola. .EP 3453a

ROSSINI 12 Walzer für 2 Flöten (Kessick) . . . . EP 8598

SALIERI Konzert C für Flöte, Oboe und Orchester,
Klavierauszug (Wojciechowski) . . . . EP 5891

SATIE Trois Gymnopédies, arr. für Flöte u. Klavier . . EP 7341

SCHUBERT Variationen e über »Trockne Blumen« D 802
f. Fl. u. Klavier, Neuausgabe, Urtext (Burmeister) . EP 10994

N. SHERIFF »Sonata a tre« für Flöte, Piccoloflöte
und Altflöte in G (1 Spieler) . . . . EP 8976

A. STAMITZ 8 Capricen für Flöte solo . . . . EP 8197

TELEMANN 12 Fantasien (TWV 40: 2-13)
für Flöte solo, Urtext (Burmeister) . . . . EP 9715
– Suite a (TWV 55: a 2) f. Flöte, Streicher u. Bc.,
Ausgabe für Flöte und Klavier (Salter) . . . . (*)EP 7787
– Concerto G (TWV Anh.42: G)
für Flöte, Oboe d'amore und Bc., (Havemann) . . . . . EP 8057

TRAEG Fantasie G op. 2 f. Flöte solo (Schleuning) . . EP 8375

VERACINI 12 Sonaten (1716) für Altblockflöte (Flöte)
und Bc., 4 Hefte (Kolneder) . . . .(*)EP 4965a-d

Sammlungen / Collections

DIE SOLOFLÖTE Sammlung repräsentativer Werke
vom Barock bis zur Gegenwart für Flöte solo (Nastasi)
– Bd. I: Barock . . . . .EP 8641a
– Bd. II: Klassik. . . . . EP 8641b
– Bd. III: Romantik . . . . .EP 8641c
– Bd. IV: Das 20. Jahrhundert von 1900-1960:
Werke von Karg-Elert, Honegger, Jolivet, Maderna,
Berio (Sequenza, Originalfassung 1958) u. a. . . . . . . EP 8641d

ORCHESTER-PROBESPIEL f. Flöte/Piccoloflöte. . (*)EP 8659

R. STRAUSS Orchesterstudien (Leeuwen). . . . . EP 4189k

ORCHESTERSTUDIEN für Piccoloflöte (Nitschke)
– Bd. I: Bartók bis Rossini / Bd. II: Rossini bis Wagner . . EP 8404a/b

KLASSIK-HIGHLIGHTS Berühmte klass. Stücke zum
Musizieren mit CD-Begleitung: Bach, Air; Händel, Largo;
Pachelbel, Kanon; Schubert, Ave Maria u. a. . . . . .EP 10910a

(*) *Zu diesen Ausgaben ist eine Mitspiel-CD mit eingespieltem Orchester- bzw. Klavierpart erhältlich / Music partner CD available*
Bitte fordern Sie den Katalog der Edition Peters an / For our free sales catalogue please contact your local music dealer

C. F. PETERS · FRANKFURT/M. · LEIPZIG · LONDON · NEW YORK

www.edition-peters.de · www.edition-peters.com